AF209637

Andrea Nieswand

Zulassen

Andrea Nieswand, in Bielefeld geboren, lebt in Berlin,
im schönen Zehlendorf.

Nach den beiden Gedichtbänden

„Loslassen" und „Festhalten"

beide 2023 bei

erschienen, nun final der letzte Band der Trilogie:

„Zulassen"

Andrea Nieswand

Zulassen

noch mehr Gedichte für die Relevanz
der Lyrik

Bibliografische Information der Deutschen Nationalbibliothek:
Die Deutsche Nationalbibliothek verzeichnet diese Publikation
in der Deutschen Nationalbibliografie; detaillierte
bibliografische Daten sind im Internet über http://dnb.dnb.de
abrufbar.

Korrektorat: Gerd Nieswand
Coverdesign: Books on Demand
Images: freepik.com
Autorenfoto: Nieswand & Pletschke Fotografie Berlin

Verlag: BoD · Books on Demand GmbH, In de Tarpen 42,
22848 Norderstedt

Druck: Libri Plureos GmbH, Friedensallee 273, 22763 Hamburg
ISBN: 978-3-7597-8570-1

Dankeschön

meinen Freunden, meiner Familie, meinen wundervollen lyrischen Wegbegleitern.

Merci an alle, die mich inspirieren, die mich motivieren und mich Ich sein lassen ohne mich sein zu lassen.

Andrea Dorothea

Sehnsucht

Unsere Herzen
tanzen nachts im Regen
und lieben den Tag
als die Haut salzig schmeckte
benommen vor Glück
verliert Sehnsucht
ihre Bedeutung
und die Träume
verbleiben in uns

Begegnung

Begegnen tun wir uns
schon lange nicht mehr
gelegentlich im Traum nur
besuchst du mich
mit deinen Fragen
siehst mich an
wie in alten Tagen
warst mein Ich
ich dein Du
immerzu
bis du fort warst
nun ist Ruh

Zweiklang

Fernweh im Herzen
verwirrtes Gemüt
das Herz schlägt im Zweiklang
Zuhause bist du

Sein

Bist du fort
will ich
nah sein
vermisse
dein Dasein
manchmal
fehlt mir
Alleinsein
mein Ich sein
doch
ohne dich
will ich
nicht sein

Zuckerwatte

Mein von rosa Zuckerwatte
eingeschlossenes Herz
schlägt gedämpft
im Takt der Melodie
lächelnd lauschend
den leisen Tönen
und wartet
bis der Tanz beginnt

Verbrannte Erde

Keine Frage von Schuld
die bleibt
für die Erde
die wir verbrannt haben
hinter uns
es waren unsere Träume
sonst nichts

Verträumt

Ich habe mich
heute Nacht
im Traum verlaufen
war an unbekannten Orten
mit deinem vertrauten Gesicht
und fühlte mich
verträumt

Der Traum

Hab mich ganz zärtlich
an dich erinnert
dein wirres Haar
den blauen Blick
die kleinen Fehler
auf deiner Haut
verpasste den Atemzug
wurde atemlos
in meinem Traum
nur die Nacht
war mein Zeuge

Spuren

Wieder verlaufen
auf alten Wegen
zärtliche Träume
in rosarot
wünschte
die Lust würde mich
erneut tragen
dahin wo Leidenschaft wohnt
in deinen Armen
verborgen
mich finden
lachend den Pfad
nochmal gehen
wo es hinführt
wissen wir beide

Momente

Momente schaffen
unentwegt
hoffnungsvoll gehen
Zeit festhalten
bevor sie
erneut vergeht
und die Dinge
verändert

Der leere Stuhl

Der leere Stuhl
in einem Raum voller Menschen
verdrängt die Blicke
der lauschenden Zuhörer
der erwartungsvollen Gesichter
und ich höre meine Stimme
die Worte kommen von allein
meine Gedanken
bei dem unbesetzten Stuhl

Zeitlos

Die Tage vergehen
zu schnell
mit dir
ich wollte
sie hielten
bis die Nacht beginnt
und du mich hältst
als gäbe es
kein Morgen

Komm

Geh mit mir
ein kurzes Stück
auf meinem Weg
begleite mich
schenk mir ein wenig Zeit
mit dir
gib mir deine Hand
vielleicht
halte ich dich ja
noch etwas länger

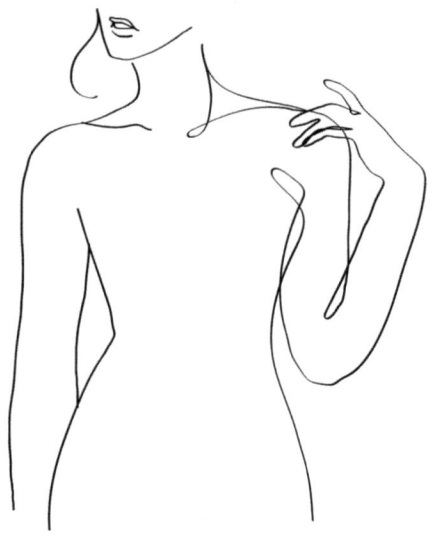

Wieder

Wieder in dein Herz
wieder in den Schmerz
wieder dich begehren
wieder mich verzehren
und dann ist es vorbei

Rauch

Und ich verbrenne
die Worte auf zart gelbem Papier
Wünsche und Träume
allein mit mir
ja
ich verbrenne
den Schmerz
der innewohnt
sehe
die lodernde Flamme
tief dunkles Licht
mein Herzblut inmitten
die Seele vergibt
Gedanken verfliegen
im zarten Schein
und ich verbrenne
bevor der Rauch verweht

Nirgendwo

Jenseits von mir
fand ich mich
fernab von dir
Heimwehgefühle
im Dreivierteltakt
diesseits tanze ich
atemlos ohne dich
ins Nirgendwo
folge dem Schatten
deiner letzten Worte

Sternengeflüster

Die Sterne tanzen
um den Mond
leises Geflüster
schwebt durch die Luft
hab mich in dir verborgen
genieße still
den Augenblick

Wortlos

Ich bin fernab deiner Gedanken
weit fort
hier bei mir
im Jetzt und im Morgen
jenseits deiner Nähe
im Abseits
wortlos
bin ich jedoch nicht

Wörterwald

Ich reime mich durch Einsamkeit
verwechsle Tageszeiten
bei Einbruch neuer Dunkelheit
kann niemand mich begleiten
verirre mich im Wörterwald
verwirrend die Gedanken
doch wenn der Morgen wiederkehrt
verschwinden alle Schranken

Sommersonnenwende

Wenn die Nächte immer kürzer werden
die Tage einfach nicht enden
wenn die Sonne
gefühlt endlos strahlt
die Dunkelheit
kaum die Augen berührt
beginnt
fast unbemerkt
die Wende
und der Sommer
verabschiedet sich
zaghaft
jeden Tag
lasst uns feiern
mit Feuer und Musik
ein Fest der lodernden Flammen
alles brennt
damit das Licht
über die Dunkelheit siegt
bevor es sich langsam davonschleicht
und noch zärtlich scheint
uns behütet
wenn das Dunkel der Tage
uns erneut besucht

Oktobertag

Oktober bringt
mit den fallenden Blättern
die Erinnerungen zurück
einst golden und sanft
verträumte Farben
verblassen langsam
bei genauer Betrachtung

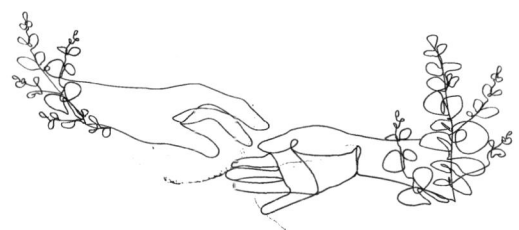

Cedrat Boise

Vertrauter Duft
nach Zedernholz
altes Leder
weich
unter meinen Fingern
spüre den Sternenstaub
der noch haftet
kurzer Moment
zärtliche Erinnerung
vorbei

Schnarchen

Dein Schnarchen
hat mich geweckt
dieser regelmäßige Brumm
aus tiefem Atem
gelegentlich
in flexiblen Tonlagen
gar mehreren Bässen
schlafraubender Luftschnapper
leg ich meine Hand
auf deine Brust
und knurre deinen Namen
fasse ins Leere
kühles Laken
du bist nicht da
hab es deutlich gehört
ganz tief in mir
nun bin ich wach
vermisse dein Atmen
deine Wärme
und manchmal
sogar dein Schnarchen

Worte wie Sterne

Im Lichterglanz der kalten Zeit
fand ich deine Worte
wärmend zwischen den Zeilen
mein Herz berührend
den Atem mir raubend
für einen kurzen Moment
war dein Bild wieder nah

Verliebt

Gern wollte ich mich
noch einmal verlieben
einfach gedankenlos
wie einst in dich
doch noch bin ich
bittersüß verloren
in unserem Wir
deinem Du
und meinem Ich

Geflüster

Und sollte mich
dein Herz noch einmal fragen
ob ich
noch immer
deine Nähe will
werd' ich nicht zögern
leis' zu sagen
das Herzgeflüster
will ich
zart und still

Ich wünschte

Manchmal
wenn ich wünsche
wünschte ich mich
noch einmal
in diesen Moment
als wir
fest umschlungen
wünschten
wir könnten uns berühren

Meine Worte

Ich hätte mir gern
deine Worte eingerahmt
die
die du mir nie sagtest
die
mit den Sternen und der Liebe
schrieb ich auf gelbes Papier
wieder und wieder
schrieb ich sie nieder
nun gelten sie mir

Buchstaben

Ich schreibe mich
in deinen Kopf
mit meinen Worten
in dein Herz
bestenfalls
wünsch ich mir
ohne
dich zu fragen
was du lesen willst
wenn du
die Kraft der Buchstaben
spürst

Mein schönstes Geschenk

Jeden Tag
das kleine Licht
in deinen Augen finden
mein schönstes Geschenk
dein Augenblick
ohne Worte
mich wärmend
bis wir die Augen schließen
und uns die zarten
Lichtblicke
durch unsere Träume tragen

Spiegelbild

Sehe
dein Gesicht
vor mir
in mir
mich
in dir
gespiegelt
im Sinn
im Moment
werden eins
im Kuss
vereint
drehen uns im Kreis
Spiegelbild
meiner Seele
wie ein
Immer
bist du mein
sind wir eins

Metapher

Scheinbar klare Worte
erweisen sich
als
Camouflage
ich versinke
in Metaphern
suche
verträumte Auslegung
der Bedeutung

Wunder

Ich schaue
auf die kleinen Wunder
jeden Tag
lächelnd
heilen die Wunden

Plötzlich

Plötzlich
ist es ganz einfach
wenn es aufhört
kompliziert
zu sein
nicht mehr schmerzt
südlich
in der Herzgegend
der Wind
sich
heimlich über Nacht
gedreht hat
gen Norden
fast unbemerkt
zerzauste Haare
im kurzen Sturm
für einen atemlosen Moment
lächelnd
geradeaus
auf dem richtigen Weg

Für immer

Gehe ich fort
bleibst du bei mir
halte dich fest
trage dich in mir
gehe ich fort
und komm nicht zurück
ist manchmal
immer
mein zärtlichstes Wort

Sternschnuppen

Abseits
deiner Dunkelheit
liege ich
im Mondlicht
erinnere mich
als Worte
wie Sternschnuppen
fielen
sentimentales
Sternengeflüster
funkelnder Gedanken
verglüht
im siebten Himmel

Es war

Ist es
wie es ist
war
wie es war
wahr
tief verborgen
fernab der Gedanken
losgelöst
im Gestern
verloren

Grenzenlos

Meine Worte
treffen
auf deine Blicke
verweilen
sprachlos
im Moment
verschmolzen
im Kuss
voller Zartheit
ohne Zögern
streifen sich
Sinne
tief bewegt
unberührt
vertrauensvoll
beseelt
grenzenlos

Distanz

Nicht die Entfernung
nicht die gelebte Zeit
nicht der fehlende Herzschlag
nicht die zärtliche Nähe
des kleinen Atemzugs
an meinem Ohr
tief verborgen
auswegsuchend
seufzend unterdrückt
einmal mehr
in der Distanz
des unüberwindbaren Nebels
der sich zwischen uns schob
es waren die sinnlos
vergangenen Momente

Wannsee

Am Ufer stehend

am Wannsee

frag ich mich

leise

Wannsee

wann seh

ich Dich wohl wieder

Ziellos

Vernebelte Gedanken
im rauchigen Licht
brennt kein Feuer
Träume verglühen
fernab der Stille
mit leisen Schritten
nimmt die Kälte
den Atem
im letzten Hauch
vergessener Wärme
rühren sich die Sinne
suchen das Licht
in weiter Ferne
wie ein zarter Kuss
vorsichtig verführt
jenseits der Dunkelheit treibend
ziellos
doch suchend

Der Kuss

Es war ein Kuss
ein kurzes Lippenbekenntnis
eben gerade berührt
ganz tief
wie ausgeatmet
so zart
tief bewegt
im letzten Winkel
der verborgenen Sehnsucht
es war der Kuss

Worte

Gestern noch
waren die Worte
wie zarte Blätter
in warmer Brise
sanft und still
und zärtlich hoffnungsvoll
über Nacht
verschwunden im Dunkeln
mit mir
verloren ohne Wiederkehr
für einen kurzen Moment
der kalten Unachtsamkeit
als Schweigen
sie hätte halten können

Melodie

Die sanfte Melodie

deines Herzens

ich höre sie leise

verzaubert meine

kleine Welt

auf zarte Sternenweise

Zarter Regen

Zarte Tropfen
küssen wie Perlen
meine Haut
warmer Regen
erinnert an Tränen
sanfte Gedanken
stille Melancholie
und die Tränen
wenn es regnet
sieht man doch kaum

Herzwärts

Herzwärts
bewegt mich
das gehauchte
Wort
gerade
ein Atemzug
an meinem Ohr
kaum hörbar
tief spürbar
herzwärts
im Süden
verweilend

Freitag

Heute

lasse ich

mich

auf mich ein

lasse sein

tut gut

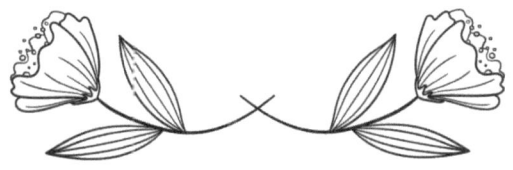

In meiner Haut

Ich wünschte
ich könnte meine Erinnerungen löschen
für die zärtlichen Gedanken
die ich einst hatte
ich wünschte
ich könnte meine Haut abstreifen
um nicht mehr
die verlogenen Berührungen
zu spüren
ich wünschte
ich würde nicht mehr wünschen müssen
sondern die Erinnerung
wäre verschwunden
ich wünschte
ich wäre dir nie begegnet
dann wüsste ich nicht
wie es sich jetzt anfühlt
in meiner Haut

Vorbei

Du sagst
es ist vorbei
lang schon
wurde mir erzählt
ist vorbei
wenn wir voreinander stehen
und keine Macht der Welt
zu verhindern vermag
was passiert
ob der Widrigkeiten
unsere Lippen sich finden
ohne Worte
unsere Körper
sich suchen
verstört erinnern
und wir sagen
es ist vorbei
lang schon
sind wir nicht
vorbei
sag es nicht

Anekdote vom Broccoli

Wieder verloren
auf der Reise
meiner Gedanken
war es das Geräusch
des überschäumend
kochenden Wassers
und giftig grün leuchtenden
Broccoliröschen
die vergessen
auf dem Herd
an den Deckelrand pochten
während ich zuließ
zu verweilen
im heimlichen Dialog
den wir nie führen werden
dennoch hoffend
immerzu
eines Tages
vielleicht doch
nun hat der Broccoli
alles zerstört
versuche ich mir zu erklären

forever

Wer

Wer küsst dich
wenn ich es nicht bin
wer berührt dich
wenn die Gesichter
nur noch Schatten sind
wer bewegt dich
wenn Worte
flüsternd
deine Sinne streifen
wer schenkt dir Wärme
die mich frieren lässt

In mir

Wenn ich wieder
in mich gehe
und dich sehe
seelenverwandt
deine Nähe spüre
halte ich fest
an scheinbaren Momenten
und lasse los

Erdbeerbowle

Manchmal schmeckt das Leben
wie Erdbeerbowle
zartbitter süß und herb
und nach salziger Luft
dann weht mir der Wind
durch die Haare
und für einen Augenblick
sehe ich dein Bild
mit etwas Schaum auf Deiner Oberlippe
und spüre den Geschmack
des letzten Sommers

Heute

Heute denke ich
an morgen
so wie gestern
als heute
noch morgen war
denn gestern
dachte ich nur an heute
und hab mich gewundert
warum alles wie vorgestern
erschien

Verflogene Träume

Immer in diesem Moment ausruhen
im Gedankenspiel
der entfernten Seelen
im Herzen verbunden
durch diesen einen ersten Blick
in dein Herz
als es schlug
geballt mir entgegen
ohne Nebel
ohne Vorsicht
ohne Zögern
und nichts endlich erschien
vor so langer Zeit
und den vielen verflogenen Träumen

Denken

Wann denkst du an mich
wenn es dir schlecht geht
deine Gedanken schwermütig sind
wann komme ich dir in den Sinn
wenn du gelegentlich ein Zuhause brauchst
denkst du an mich, wenn dein Kopf
mal wieder zerspringt
oder denkst du an mich
wenn dir der Sinn nach Kartoffelsuppe ist
bin ich in deinen Gedanken wenn
du Einsamkeit spürst
oder dein Herz unterhalb
des nicht vorhandenen Gürtels schlägt
du denkst an mich
wenn ich wortlos bin
weit weg von dir
so gern laut lache
denkst du an mich
wenn du dich erinnerst
dass es mich noch gibt
fernab von dir
und ich offensichtlich
nicht an dich denke
ja du denkst an mich
das kann ich spüren
und denken darfst du was du willst

Stille

Verliebt bebte das Herz
dann bebte voll Schmerz
mein Herz
verkehrt
Beben auf höchsten Ebenen
und dann
kam die Stille

Fort

Die Tränen
die ich nicht mehr weine
fallen
auf dein leeres Kissen
neben mir
manchmal weckt mich
dein zu lauter Atem
bis ich spüre
du bist nicht mehr hier
und ich träume weiter

Küssen

Gern küsste ich dich
morgens ganz früh
spät in der Nacht
zwischen den Stunden am Tage
hat es mich glücklich gemacht
als ich kam und als ich ging
erneut den Moment mir zu nehmen
ließ ich mein Herz unbedacht
ganz außer Acht
küsste dich ständig
wie froh ich doch war
du küsstest alle
das war mir nicht klar

Meerweh

Meer auf
Himmel blau
unerschrocken
vorwärtstreiben
Wind
im Rücken
ewig bleiben
gedankenvoll
den Kopf befreien
Fernweh
Meerweh
still verweilen
Moment genießen
Demut fühlen
Brise lieben
dankbar sein

Alles

Vielleicht
bist du
der Grund
für
mein Alles

Believe

Zeit

Zeit
steht still
wortlos
steht sie
allein
gelähmt
gefühllos
grausam
verlassen
grundlos
im Regen
Stillstand
für einen Moment
bis das Herz
wieder schlägt

Manchmal immer

Dein Immer
hat den Weg
zu meinem
Manchmal
entdeckt
zauberhaftes Abenteuer
im zeitlosen Himmel
zärtlicher Wunder
und liebevoller Momente

Ruhe

Gern möchte ich
noch ein wenig verweilen
im Moment
im Gefühl
in der Wärme des Sonnenstrahls
der mir ins Gesicht scheint
gelassen
in Zufriedenheit
pur und bewegt
Stille im Herzen
ein paar Schläge lang
und ich atme wieder

Spurlos

Ich gehe
wo du warst
deine Spuren
sehe nur ich
in mir
abgrundtief
verborgen
Wehmut
bis auf Blut

Immer

Ich habe dir
mein Immer
auf den Körper
geschrieben
in Farbe
damit du es manchmal siehst
und wenn du
deine Augen schließt
fühlst du es
immer
ohne Tinte
in deinem Herzen
denn manchmal
ist manchmal
eben nicht genug

Always

Mein Herz

Es ist
mein Herz das schlägt
taktlos
verwirrt
irritiert
losgelöst
geballt
dir entgegen
vertrauensvoll

Augenblick

Schenk mir doch
noch einmal
deinen Augenblick
so ganz in grün
in dem ich mich
verträumen kann
bevor
ich mich wieder
verlaufe

Stille spüren

Mein Herz
im Sturm
verlieren
will ich
nicht
langsam
in die Fluten gehen
nicht
Augen schließen
dich sehen
weiter gehen
Stille spüren

Lichterloh

Mit dem Blick
von der anderen Seite
wäre ich
deine Sonne
wärst du
mein Mond
verformten sich
die Worte
auf zauberhafte Weise
zu funkelnden Sternen
im neuen Glanz
scheinend
verführend
uns umkreisend
berührend süßes
Lichterloh

Was siehst du

In meinem Kopf
werden Gedanken
zu Bildern
siehst du mich an
durch den Nebel
wie du es tust
sehe ich
dein Herz

Bilder

Deine Worte
malen die Bilder
in meinem Kopf
Worte
die du sprichst
die du schreibst
die du denkst
unausgesprochen
in deinen Blicken
verweilend
bis die Farbe der Gedanken
getrocknet ist

Seelenverwandt

Noch einmal deine Seele spüren
fernab der Zeiten
in Gedanken
aus samt zarten Träumen
lege ich
noch einmal
mein Gesicht auf deine Brust
höre
ganz leise
einen verbotenen Herzschlag
für mich

Mosaik

Wohin gehst du
wenn ich meine Augen schließe
deiner Seele
nicht mehr
Einlass gewähre
mich verstecke
hinter meinen Blicken
meine Herzensnot
verzweifelt unterdrücke
mich verliere
in bunten Mosaiken
in stiller Dunkelheit
den fehlend Stein
unendlich
vermisse

Das Schweigen

Ich schweige mich
durch die Tage
wenn meine Worte
doch nicht
sagten
was ich denke
stumme Momente
intensives Fühlen
Buchstabengewirr
in meinem Kopf

Der Fremde

Wir waren atemlos
viel zu
atemlos
und
einander
viel zu fremd
so gingen wir
wortlos

Alles gesagt

Auf der Suche
nach Worten
für dich
gehe ich
in meine Tiefen
die tiefsten
verbleibe staunend
schweige still
es ist alles gesagt

Sfortuna

Du hast die Einladung angenommen
der Tanz beginnt von vorn
seelenloses
lüsternes Balzen
zügellose Begierde
feuchte Körper in Lust
gefangen
vergessen der wahren Gefühle Leid
gedemütigt für alle Zeit
Spiel der Zungen
in deiner Fantasie
sauge ihn ein
den versprochenen Atemzug
wie einst den Meinen
genieße das kurze Glück
es ist vergänglich
dem Ende schon geweiht
die Erde hinter dir
verbrannt
mein Feuer verraucht

Erinnerung

Wer gibt uns noch
verzauberte Gefühle
wenn wir
das Funkeln der Sterne
nicht mehr beachten
komm mit mir
unter den weiten Himmel
Schneeflocken fangen
als wären sie
Sternenstaub
und nur der Mond
schaut uns zu
lächelt zärtlich
für den kleinen Moment
der Erinnerung

Heißkalt

Du hast mich berührt
ich hab mich geschnitten
hast mich verführt
ich hab gelitten
so nah bei dir
weit fort von mir
so kalt war dein Herz
heiß brannte
mein Schmerz

Du bist du

In meinen Augen
bist du das wilde Meer
in dem ich ertrinke
der ruhige See
an meinem Morgen
du bist der wilde Fluss
an meinen Abenden
du bist schön
du bist du
du bist Alles
du bist Leben
unsere Lippen
bleiben zusammen
jenseits der Distanzen
in der Erinnerung
meiner vergessenen Träume

Nordwind

Wir versuchten zu lachen
als der Nordwind dich rief
tatsächlich
zitterten wir
erschöpft
vor Verlangen
Herz an Körper
konnten nicht schlafen
als wir uns trennten
wir haben uns viel zu sehr
geliebt
als das Meer sich zurückzog
mit der Brise
mit dir

Gedankenlos

Ich würde dich
so gern
gedankenlos
noch einmal
halten
ganz fest
wie einst
ohne dich
festzuhalten
einen Atemzug lang
deine Brust
an meiner spüren
dein Herz
ein letztes Mal berühren
ganz ohne Gedanken

Was ich will

Will ich dich
will ich mich
will ich uns
und sonst nichts
will nicht fragen
auch nichts sagen
will nur spüren
dich verführen
Augen schließen
will ich sein

Wunderworte

Ich glaube
an die Wunder
und
die Worte
die wunderbaren
unausgesprochenen
Wunderworte
die uns immer wieder
ganz aufs Neue
berühren
verführen
und uns finden
einfach so

Träume

Ich male
mit meinen Fingerspitzen
meine Träume
auf deine Haut
in zarten Linien
kaum zu spüren
schleichen sie sich
in deinen Kopf
da will ich sein

Vergangen

Noch ein Atemzug
alles ist vergänglich
ins Universum geweht
nur die verlorenen Gefühle
der Finger
auf meiner Haut
spürbar verbleibend
in den Tiefen
meiner verborgenen Gedanken

Dein sein

Einmal dein sein
mutig nicht entsagen
zwei Mal
mein sein
an den tristen Tagen
gern bei dir sein
Gedanken die nicht nagen
niemals
nicht sein
fernab aller Fragen
immer
hier sein
alles gern ertragen
kein Mal
fort sein
nur mit dir
allein sein

Zulassen

Ich halte fest
an dir
an mir
an meinen Wünschen
den Träumen
den nicht erzählten Gedanken
den verbotenen Gefühlen
den verirrten Momenten
den verwirrenden Erinnerungen
halte ich fest
an uns
glaube
an das Gefühl
lasse los
freier Fall
bodenlos
ohne Netz
und
lasse zu

je ne regrette rien